AF498327

LA
DÉTRESSE DE LA RUSSIE

Ce que les Bolcheviks ont fait des finances publiques

Contraste avec les parties libérées et récupérées
de la Russie

PAR

Arthur RAFFALOVICH

CORRESPONDANT DE L'ACADÉMIE
DES SCIENCES MORALES ET POLITIQUES

PARIS
LIBRAIRIE FÉLIX ALCAN
108, Boulevard Saint-Germain
1919

Principaux ouvrages de M. Arthur Raffalovich

CORRESPONDANT DE L'INSTITUT

L'Année économique et financière, 2 volumes, 1887-1889.

Le Marché financier, 24 volumes, de 1891 à 1914.

Le Logement de l'Ouvrier et du Pauvre, récompensé par l'Académie des Sciences Morales, 1887.

Trusts, Cartels et Syndicats, 1903.

Les Finances de la Russie, 1883.

La Russie et la Guerre 1916.

L'Inflation de la Monnaie et du Crédit, 1917.

TRADUCTION

Travail et Salaires, d'Henry FAWCETT.

Transport par Chemin de fer, d'Arthur HADLEY.

Histoire de la Monnaie, de SHAW.

EN COLLABORATION AVEC YVES GUYOT

Le Dictionnaire du Commerce et de la Banque, 2 volumes.

Ces ouvrages sont en vente chez ALCAN

Russia. Its Trades and Commerce, 1918.

A Londres, chez P. S. KING and Sons

LA
DÉTRESSE DE LA RUSSIE

Ce que les Bolcheviks ont fait des finances publiques

Contraste avec les parties libérées et récupérées
de la Russie

Depuis bientôt quinze mois, une grande partie de la Russie est dans les mains de véritables bandits, qui ont été exportés d'Allemagne, abondamment pourvus de ressources monétaires, de crédits ouverts dans les banques scandinaves. Ils avaient pour mission de créer une anarchie rendant impossible la continuation de la guerre sur le front oriental. L'objet des Empires centraux a été double : d'une part, libérer des forces militaires suffisantes pour avoir raison des Alliés sur le front occidental ; d'autre part, extraire de la Russie des matières alimentaires, des produits indispensables à l'industrie. Il s'agissait en même temps de satisfaire des appétits territoriaux, d'assurer la main-mise sur les entreprises russes qui en valaient la peine, de se faire livrer une partie de l'encaisse-or de la Banque de l'État.

Ce double objet a été déçu, la défaite allemande sur le front occidental, succédant à la défection de la Bulgarie, de la Turquie, de l'Autriche-Hongrie, a eu pour conséquence l'annulation du traité de Brest-Litovsk et des conventions postérieures, la restitution de l'or livré aux Allemands et l'inscription au débit du compte des ennemis d'un gros montant de revendications russes. Les quantités de marchandises fournies à l'Allemagne et à l'Autriche-Hongrie ont été bien inférieures aux stipulations et aux espérances. Cette déconvenue a été la conséquence de la répugnance des paysans à livrer les céréales à l'ennemi, la conséquence aussi de l'épuisement apparent des stocks et d'une moindre production agricole dans les régions envahies par le bolchevisme.

Avec la chute du régime impérial, avec l'intronisation des Conseils d'ouvriers et de soldats, tout l'appareil économique qui repose sur la sécurité des personnes et des biens et sur le respect des contrats a été ébranlé. L'organisation fiscale, la perception des impôts s'en sont ressenties. Les conditions de production industrielle ont été modifiées par les prétentions excessives des ouvriers, non seulement au point de vue des salaires, mais encore au point de vue de la direction technique. On a pu voir le résultat pratique auquel aboutit le programme socialiste, lorsque les appétits et l'incompétence ont pris le dessus. Avec l'avènement des collectivistes, les choses ont empiré très vite : nationalisation des banques, des établissements industriels et commerciaux, abolition graduelle de toute liberté individuelle, de toute sécurité des personnes et des biens, pillages, extorsions, massacres ont rempli les journées et les nuits. L'anéantissement de la bourgeoisie et de l'élite intellectuelle, par tous les moyens, au besoin par la faim, a été le premier article du programme gouvernemental. Emprisonnements, exécutions sommaires, meurtres accomplis de sang-froid, avec ou sans formalités judiciaires, formation de compagnies chinoises ou lettes, chargées des exécutions, tout cela est connu de nos lecteurs par les dépêches et les lettres que publient les journaux. Et nous ne craignons pas de dire qu'ils n'en parlent pas assez. Il se verse continuellement, en Russie, un sang innocent qui crie au ciel ; il disparaît de nobles et courageuses existences, comme celle de M. Pierre Darcy, victime de longs mois d'emprisonnement, aggravé par d'indignes traitements (1). La civilisation, le progrès sont menacés en Russie. Le fléau déchaîné sur ce malheureux pays par l'Allemagne, qui, par un juste retour, en est elle-même envahie, met en péril tous les États européens.

Abusant de la possession des planches à tirer les billets de crédit, les bolcheviks en jettent dans la circulation intérieure des quantités croissantes : de 19 milliards de roubles existant au moment de leur coup de main, ils sont arrivés à en émettre 100 milliards, sinon davantage. Ils en vendent ce qu'ils peuvent à l'étranger, en Suède, en Suisse, en Hollande, en Allemagne pour alimenter leurs fonds de propagande, qui

---

(1) On ignore le nombre des victimes du maximalisme sanglant. Famille impériale, hauts dignitaires, ministres, fonctionnaires de tout rang, officiers en très grand nombre ont été tués et avec eux des bourgeois, des intellectuels.

sont déposés dans des banques et qui sont grossis par des quantités de platine réquisitionnées. N'y aurait-il pas moyen de mettre le séquestre sur l'avoir des bolcheviks, qui violent certainement la neutralité et compromettent la tranquillité publique des États neutres ?

Ce régime de terreur et de brigandage, avec son cortège de misères, de disette, d'épidémies meurtrières, entretient la guerre intestine en Russie. Il a réduit au minimum l'activité productrice dans les régions où il sévit : on donne des chiffres incroyables de prix de revient ; des locomotives fabriquées dans les ateliers Poutiloff coûtent chacune 5 millions de roubles, au lieu de 70,000 roubles avant la guerre, à cause de la hausse des salaires, des matières premières, en corrélation avec l'inflation monétaire.

Laisser subsister le bolchevisme, qui domine dans une portion de la Russie, qui martyrise Petrograd et Moscou, qui fait fuir devant les gardes rouges les populations affolées, c'est commettre une lourde faute en présence des intérêts moraux, intellectuels, matériels que les Alliés ont en Russie et qui sont identiques à ceux de la Russie elle-même. Il est impossible de se désintéresser de ce qui se passe dans un pays aussi immense, possédant une population aussi considérable, jouant un rôle aussi important comme centre de production et de consommation. On ne voit vraiment pas comment établir une paix durable et juste, dont l'instrument écrit serait dépourvu de la signature d'une Russie libérée, purgée des maximalistes et mise à l'abri de l'emprise allemande.

On a souvent invoqué la solidarité des nations alliées. On veut créer la Société des Nations. Une des premières manifestations de cette solidarité devrait être d'assurer le sauvetage de ce qui reste de la Russie et d'apporter, dans l'accomplissement de cette tâche libératrice, un concours prompt et efficace aux Gouvernements nationaux, qui ont surgi comme autant de centres de résistance au bolchevisme, à l'emprise allemande ; ils sont les noyaux autour desquels peut se rétablir la vie normale économique et sociale. Ce n'est pas dans l'intérêt de tel ou tel parti russe, ce n'est pas en vue d'une ingérence dans les affaires intérieures du pays qui, débarrassé de la peste collectiviste, déterminera lui-même son régime politique. C'est afin d'écarter du monde entier un des pires dangers qui le menacent. Meurtrie, ensanglantée, martyrisée, la Russie, avec ses richesses naturelles, la natalité de sa population supérieure à celle des autres États européens, est un élément qui ne disparaîtra pas. Ce serait un avantage international que de lui faire retrouver sa place dans le concert des nations civilisées.

L'assistance qu'il faut lui prêter est de diverse nature : financière et militaire pour faire disparaître le bolchevisme, financière (sous forme d'avances ou d'ouvertures de crédit) pour réorganiser l'ordre matériel, le système fiscal, ravitailler les populations civiles démoralisées par l'absence des articles manufacturés de première nécessité, laquelle les atteint dans leur santé physique, pour assainir progressivement la monnaie et en tout cas apporter un instrument de paiement stable.

Il y a là un ensemble de problèmes à examiner et à résoudre dans l'esprit le plus généreux, en se souvenant des grands capitaux engagés en Russie, en tenant compte des susceptibilités nationales qui seraient blessées et offusquées de toute atteinte aux droits de souveraineté.

Nous allons les examiner successivement d'une façon rapide : 1° voir ce que sont devenues les finances publiques depuis l'avènement de Lénine, Trotsky et consorts ; 2° donner un aperçu de la situation dans certaines parties qui ont réagi contre les maximalistes.

Jusqu'au 1er novembre 1918, 513 entreprises d'industrie, de commerce, de transport ont été nationalisées par les commissaires du Gouvernement du peuple, à Moscou. Ces 513 entreprises ne représentent qu'une portion des industries russes. Leur nationalisation a eu des conséquences fâcheuses sur la production des entreprises non nationalisées et leurs bénéfices. La propriété et l'exploitation par l'État ont donné des pertes et non des profits. Les recettes publiques s'en sont ressenties très durement. En janvier-juin 1918, la nationalisation avait à peine commencé. Le produit de l'impôt sur l'industrie et le commerce est tombé à 91.7 millions de roubles, contre 314.6 millions dans la période correspondante de 1917. Les organes officieux du Gouvernement collectiviste admettent que les moins-values proviennent de la nationalisation ou de l'appréhension occasionnée par les menaces de socialiser les entreprises. La régie gouvernementale n'a pas produit des profits compensateurs. Des sommes énormes sont absorbées par l'exploitation des entreprises socialisées : de janvier à mars 1918, 532.9 millions de roubles. D'après les prévisions du budget maximaliste, le coût de la nationalisation, c'est-à-dire la dépense en capital pour convertir les entreprises, pendant le premier semestre 1918, a dépassé 2 milliards de roubles, et, pour le second semestre, on prévoyait 800 millions. La totalité des dépenses prévues pour l'année 1918 a été de 46 milliards et demi de roubles. Par contre, les prévisions même des recettes sont plus que mé-

diocres : en dépit ou peut-être à cause des extorsions indivi-
duelles, par suite de la ruine universelle, on ne paie plus
d'impôt.

Il n'y a rien de terrible comme les chiffres : ce sont des
pièces à conviction d'une force exceptionnelle dans le procès
du bolchevisme. Les budgets que publient le commissaire du
peuple aux finances montrent l'incapacité absolue où se trou-
vent les bolcheviks de résoudre les problèmes élémentaires
de l'administration de l'Etat. Lorsqu'ils ont pris le pouvoir,
l'appareil fiscal russe était intact. Il avait possédé une arma-
ture assez solide pour subir un dégrèvement de 800 millions
de roubles, l'amputation de 28 0/0 de recettes par suite de
l'abolition du débit de l'alcool par l'Etat et pour fournir, au
delà de ce dégrèvement inspiré par des considérations mo-
ralisatrices, un nouveau revenu provenant de taxes nou-
velles ou de surtaxes. Si l'on pouvait faire abstraction des
dépenses de guerre, le budget russe couvrait toutes les dépenses ordinaires, le service de la dette nouvelle dès l'année
1915 : il laissait un surplus qui allait en croissant. L'Etat
trouvait à emprunter sur le marché intérieur, il rencontrait
du crédit chez les Alliés. Il ne vivait pas seulement de
l'émission de billets de crédit comme les bolcheviks qui ne
méritent et ne possèdent aucun crédit ni à l'étranger ni en
Russie.

Le collectivisme révolutionnaire a mis hors d'usage la machine fiscale : sous un régime de terreur, de brigandage, la
matière imposable a disparu et il n'en pouvait être autre-
ment, lorsque les bolcheviks ont ruiné les redevables, natio
nalisé les entreprises privées, aboli la propriété terrienne
ou mobilière. Leurs budgets sont une parodie, une farce lu-
gubre. Ils les ont rendus semestriels. Ils avouent eux-mêmes
que les chiffres en sont incertains, et cela parce que les
dépenses non contrôlées augmentent : des sommes considérables, prélevées à titre d'emprunt au Trésor public, sont
prises dans les caisses des bureaux de poste ou des chemins
de fer. Le commissaire aux finances ne peut obtenir le dé-
tail de ces prélèvements qui sont de purs vols au détriment
de l'Etat. Il en ignore le montant, de même qu'il se dit mal
renseigné sur les recettes de l'Etat : euphémisme pour en
cacher la pauvreté et dissimuler les détournements.

D'après le Conseil suprême d'économie nationale, qui est
l'organe de socialisation, il a été dépensé 15 millions dans
le premier semestre de 1918, 1,674 millions dans le second.
Quelles ont été les recettes? Les entreprises de l'Etat, repré-
sentant l'exercice de droits régaliens, figurent en recettes au
budget pour 813 millions de roubles. Le résultat des entreprises nationalisées ne saurait être indiqué sous une autre

rubrique. Un correspondant de l'*Economist* anglais croit que les recettes de ces entreprises équivalent à moins de la moitié des dépenses. L'organe officiel *Pravda* cite sept fabriques qui ont livré des produits revenant à 3,899 millions de roubles, qui ont été vendus pour 2,955 millions. Le rouble ne cessant de se déprécier, le Gouvernement, pour d'autres marchandises ayant coûté 4 milliards, n'a reçu que 1,500 millions. Un commissaire du Soviet a reconnu que l'État reçoit entre le tiers et la moitié du prix de revient.

Le Gouvernement collectiviste est incapable d'organiser le marché et de régler le débouché. La désorganisation des transports a créé, en Russie, une foule de marchés locaux, qui forment autant de vases clos, séparés par des cloisons étanches. A 10 kilomètres de distance, le prix du même article varie de 400 0/0. Des facteurs de nivellement des prix ne jouent plus. La meilleure qualité de farine s'est vendue, à Petrograd, 700 roubles le poud de 16 kilogrammes, 63 à Tver. La cherté, l'incertitude, l'insécurité du transport paralysent toute transaction. En vue de la dépréciation continue du rouble, les fonctionnaires collectivistes se plaignent d'avoir fixé les prix de vente trop bas. Les ouvriers, dont les salaires ont immensément grossi, recherchent les localités où les prix ont le moins haussé. Le Gouvernement a restreint la liberté de circulation des personnes, pour conserver la main-d'œuvre suffisante aux usines et fabriques de Petrograd. L'ouvrier a besoin d'autorisation spéciale pour quitter la capitale.

Si l'on veut se rapporter aux chiffres mêmes présentés pour le premier semestre par M. Gourosky, pour le second par M. Krestinsky, on obtient le tableau que voici (en millions de roubles) :

	Juillet-décembre.	Janvier-juillet.
Dépenses ordinaires	26.276	13.658
Dépenses extraordinaires	2.798	4.564
Total......	29.074	17.602
Recettes.............	12.730	3.852
Déficit..	16.344	14.750

Ainsi, pour l'année entière, 31 milliards de roubles de déficit avoué sur un budget de 46 milliards (1). Et si l'on

____

(1) Durant les six premiers mois de 1917 (fin du tsarisme, début du Gouvernement provisoire), il y eut une plus-value de 461 millions sur la période de 1916, les recettes furent de

prend en considération que les recettes du second semestre sont enflées de 10 milliards par suite de l'inscription fantaisiste d'un impôt extraordinaire de 10 milliards sur les bourgeois, incapables de rien payer, on peut dire que le déficit avoué est de 41 milliards sur un budget de 46 milliards.

Les maximalistes avaient fait miroiter la paix, le désarmement, le renvoi dans les foyers. Au lieu de cela, la guerre sévit partout en Russie ; leurs dépenses militaires pour l'année atteignent près de 8 milliards de roubles. Le régime bolchevique court à la catastrophe financière. Il vit exclusivement du papier-monnaie qu'il lance dans la circulation, qu'il voudrait bien exporter au dehors pour le vendre aux spéculateurs de Stockholm, afin de se constituer des avoirs dans les banques neutres pour les mauvais jours.

Si nous poursuivons notre analyse du budget maximaliste, nous voyons que les prévisions de dépenses, en dehors de l'accroissement énorme des crédits du Ministère de la Guerre, ont fléchi légèrement pour les chemins de fer, par suite de la diminution de l'étendue du réseau. Les dépenses du ravitaillement ont doublé en six mois. Parmi les dépenses extraordinaires figurent les 863 millions de roubles payés aux Allemands en or et en billets, en vertu de la convention du 27 août 1918.

Les recettes pour les deux semestres sont (en millions de roubles) :

Prévisions.	2ᵉ semestre.	1ᵉʳ semestre.
Impôts directs	366	368
Levée extraordinaire sur les bourgeois	10.000	—
Impôts indirects	393	440
Douanes	119	175
Entreprises de l'État	843	889
Domaines	976	944
Remboursements	50	50
Divers	10	14

2,669 millions de roubles ; la plus-value provenait en grande partie de l'impôt industriel, de l'introduction de l'impôt sur le revenu, du relèvement des taxes sur les transports. Pour l'année entière, on prévoyait pour les seules recettes ordinaires 5,700 millions. Deux mois de bolchevisme, en y comprenant les recettes extraordinaires, donnent une moins value de plus d'un milliard...

La levée extraordinaire de 10 milliards (1) ne produira rien : la matière imposable n'existe plus. Au lieu des 2 milliards et demi de recettes prévues pour le premier semestre, il n'est rentré que 539 millions de roubles. Le commissaire aux finances a établi ses évaluations sans tenir compte des réalités. Comparé aux rentrées du premier semestre de 1917, la période correspondante de 1918 a été marquée par une moins-value de 53 0/0 sur le timbre, de 92 0/0 sur les mutations, de 76 0/0 sur l'impôt frappant les dividendes. L'impôt sur le revenu a donné 52 millions, le monopole des sucres 44 millions de roubles seulement.

Ces chiffres sont concluants. Ils démontrent la faillite fiscale du régime bolchevique, celui-ci ne se soutient que par l'émission de billets de crédit.

La désorganisation des transports est effroyable. Dans la nécessité de se défendre contre l'élargissement du territoire soustrait à sa domination et les attaques qu'il subit de divers côtés, le maximalisme a mobilisé à son profit un nombre croissant de wagons et de locomotives. Le matériel roulant est rare au sud-est de Moscou. Les ateliers de réparations sont encombrés de centaines de wagons qui sont dans un état lamentable. Le cas échéant, on les remet en service, au risque de provoquer des accidents. Les ouvriers de métier et les matières nécessaires font défaut.

En novembre 1917, 6 0/0 des wagons sur le réseau de Petrograd étaient en réparation, 20 0/0 en septembre 1918. Sur la ligne de Riazan et celle de Koursk, la proportion monte à 40 0/0. Il en est de même des locomotives ; là aussi on n'exécute que des réparations sommaires, faute de pouvoir faire davantage, et les conséquences sont désastreuses.

Aucune des promesses faites par le collectivisme bolchevique à la population n'a pu être tenue. Dès qu'il a jeté le masque, il a massacré, ruiné, pillé la classe bourgeoise. Il a réduit à la plus affreuse misère des millions d'êtres humains. Il se soutient par la force des mitrailleuses, par l'absence d'organisation chez ses adversaires, qui manquent d'armes. Espérons, cependant, que le châtiment inéluctable ne tardera pas.

Nous nous sommes efforcés de montrer ce que les maximalistes avaient fait des régions où leur puissance a pu s'établir. Nous aurions pu compléter le tableau sommaire que nous en avons tracé par des détails sensationnels. Nous

---

(1) La levée extraordinaire est due par les gens ayant plus de 18,000 roubles de revenu. Voilà un résultat étrange de l'inflation monétaire.

avons dit ce que le bolchevisme avait fait des finances publiques. Il les a anéanties. Il vit exclusivement de l'émission du papier-monnaie et de quelques taxes prélevées sur le capitaliste individuel ou les Compagnies par actions. On a annoncé qu'il avait décrété la levée de 10 milliards dans les campagnes et que les paysans ne se laissaient pas faire sans résistance. Cette taxe sur les paysans donnera aussi peu que celle sur les bourgeois en 1918. Dans le nord et dans le centre de la Russie, il n'existe plus de banques privées, qui toutes ont été transformées en succursales de la Banque du Peuple, après annulation de leurs actions. La Banque du Peuple ne fait aucune opération d'escompte, ni de change, ni de Bourse, ni de prêt. Elle se borne à payer mensuellement jusqu'à concurrence de 750 roubles par mois aux titulaires des comptes courants, lesquels sont tous clos au 14 décembre 1917, jour de la prise de possession par les bolcheviks. Les coffres-forts loués aux particuliers ont été ouverts en leur présence ; les espèces d'or et d'argent, les billets de banques étrangères ont été confisqués, sans aucune compensation. Les effets de commerce se trouvant dans le portefeuille des banques ont été prorogés de trois mois. Mais, au bout de ce temps, le paiement a été exigé. Les débiteurs insolvables ou récalcitrants ont été punis de prison, d'amendes, de confiscation des marchandises ou de mise sous séquestre de leurs immeubles. Actuellement, le commerce et l'industrie n'existent plus; tous les échanges sont paralysés. Une partie de la population vit sur ses dernières économies, de la vente de ses meubles, de ses vêtements, et encore cette ressource lui échappe par suite de la socialisation des mobiliers. Seuls les ouvriers reçoivent des bons de nourriture et de vêtements.

L'industrie des chemins de fer est ruinée. Il existait en Russie des Compagnies privées prospères, qui payaient des dividendes considérables et ne faisaient pas appel à la garantie de l'Etat. Aujourd'hui, tous les réseaux sont nationalisés, l'exploitation se traduit par d'énormes déficits, 15 milliards pour la seule Compagnie du Sud-Ouest. Les salaires ont décuplé. Un aiguilleur touche 300 à 400 roubles au lieu de 25 à 30 roubles par mois. Le transport des marchandises n'existe pour ainsi dire plus. Il n'y a, d'ailleurs, plus de matières à trafic. La crainte de la grève a obligé les maximalistes à conserver tout le personnel. La crise du combustible est intense. Après être tombé de 220 millions de pouds en 1917 à 70 millions en 1918, le transport du naphte a cessé. Il n'y a ni bois ni charbon.

Les maximalistes ont évité, paraît-il, de détruire des usines, mais celles-ci n'ont guère de matières premières.

Les directeurs ont été renvoyés ou emprisonnés. Quelques branches spéciales, comme les fabriques de tabac et de cigarettes, sont favorisées (1). La consommation s'est développée.

Les conflits entre l'autorité bolchevique et les ouvriers ressemblent étrangement aux conflits entre patrons et employés. Aux filatures de Kashin, après la nationalisation, les ouvriers réclamaient des arriérés de salaire pour juillet et août, pour soixante jours, bien qu'ils n'eussent travaillé que trente et un jours. Le Soviet eut beau faire valoir qu'il y avait en caisse 750,000 roubles et qu'il ne pouvait payer 3,700,000 roubles, les ouvriers s'entêtèrent, maltraitèrent les membres du Soviet. Celui-ci déclara un lockout, menaçant de fermer la manufacture. Après vingt-quatre heures, les ouvriers capitulèrent et reprirent le travail. Le bolchevisme socialisateur applique les méthodes anciennes.

Quant à la production agricole, dans les Gouvernements du centre et dans la zone de Petrograd, elle ne suffisait pas en temps normal à alimenter la population industrielle très dense. Il fallait amener des quantités considérables de grains, de viande, de lait, de beurre, d'œufs du sud, de la Volga, de la Sibérie occidentale. A la suite de la guerre civile, l'importation de ces régions cessa vers la fin de 1917 : le centre avec Moscou et Petrograd furent limités à leurs propres ressources. La récolte de 1917 ayant été de 50 0/0 au-dessous de la moyenne, la famine sévit dès l'automne de 1917. Les bolcheviks, en allumant la guerre sociale, achevèrent de ruiner la production agricole.

Les Soviets avaient saisi toutes les terres appartenant à l'Etat, aux diverses institutions, aux propriétaires privés. Les ensemencements du printemps de 1918 demeurèrent, cependant, bien au-dessous de la moyenne habituelle. La misère la plus noire sévit. Au mois de mars, dans quelques Gouvernements, comme dans celui de Vladimir, les habitants des villages laissèrent terres et maisons, se dirigeant vers Perm et l'Oural, pour chercher à s'y établir.

D'autre part, dans les Gouvernements de Viatka, de Perm, d'Oufa, la situation agricole était satisfaisante. En hiver 1917-1918, les bolcheviks essayèrent de ravitailler Petrograd et Moscou par cette voie, mais le résultat fut maigre, à cause de la désorganisation des transports, de l'anarchie et des pillages sur les chemins de fer. La situation du pays au sud

____

(1) Nous avons trouvé ces détails dans le *Supplément russe de l'Agence Economique et Financière* qui, depuis sept ans, paraît tous les lundis et qui a toujours fourni des informations précises sur la situation de la Russie.

et à l'ouest d'Oufa est plus incertaine, car ce pays, pendant plusieurs mois, servit de champ de bataille entre les Tchéco-Slovaques et les maximalistes. Bien que ces batailles aient été peu sanglantes, il est à présumer que les bolcheviks ont pillé tout ce qu'ils ont pu.

Si l'on traverse l'Oural, qu'on réussisse à arriver à Ekaterinbourg, Tcheliabinsk, Omsk, nous dit un voyageur venant de ces régions, on peut se croire en paradis.

On trouve, en Sibérie, à manger tant que l'on veut et à des prix raisonnables. Du pain à profusion à 50 centimes la livre, tandis qu'à Moscou on ne peut pas avoir du pain noir en payant dix fois autant. Une livre de beurre excellent coûte 2 francs et à Moscou 25 francs.

La Sibérie peut, en effet, non seulement suffire aux besoins de sa population, mais elle peut nourrir la Russie. Aussitôt que les transports seront remis en état, on pourra exporter de la Sibérie occidentale assez de produits pour alimenter les régions affamées en Russie et même songer à expédier certains produits à l'étranger.

Deux grandes régions tiennent la première place dans le développement agricole de la Sibérie, à savoir : le bassin de l'Irtich, gravitant vers Omsk, où les produits agricoles descendant le courant du fleuve sont déchargés dans les wagons du Transsibérien, et la région des vallées fabuleusement riches de l'Altaï, gravitant vers Biisk et réunies par un embranchement à l'artère principale du Transsibérien. En dehors de ces deux zones principales, toute la zone du Transsibérien, jusqu'à l'Yenisseï, présente un très bon développement agricole.

A Omsk, il y a de grands stocks de blé de la récolte de 1917 et la nouvelle récolte est venue s'y ajouter.

A l'est de l'Yenisseï, la situation est moins bonne. Krasnoiarsk a été un centre bolcheviste extrêmement remuant et la propagande y avait fait beaucoup de mal aux agriculteurs. Cependant ce pays se nourrit lui-même, mais les produits y sont plus chers que dans la région d'Omsk.

La Transbaïkalie se nourrit également de ses propres ressources, mais les prix y sont encore plus élevés. Le pays n'a pas beaucoup souffert, à l'exception de la zone limitrophe entre la Transbaïkalie et la Mandchourie, où, pendant des mois et des mois, les bolcheviks luttèrent contre l'ataman cosaque Semenoff.

La province de l'Amour ne peut pas encore se nourrir elle-même, malgré les grands progrès des dernières années. Le pays entre l'Amour et la Zeya et la plaine de Blagovestchensk est très fertile : elle a donné, en 1917, une belle récolte. Cependant, en avril 1918, pour nourrir les grandes villes, Blagovestchensk et Khabarovsk, on dut importer du blé de Mandchourie. Il est à remarquer que, tandis que le prix du froment était fixé, en Russie, depuis octobre 1917, à 6 rb. 32 par poud, à Khabarovsk on l'achetait à 1 rb. 50 franco port.

La Province Maritime donne de très beaux résultats agricoles. Le pays n'a presque pas été touché par la crise. La population est très aisée, et des fermes de 40 hectares se rencontrent fréquemment. La récolte de 1917 a été très abondante, et les surfaces ensemencées en 1918 ont dépassé encore celles de l'année précédente. Une grande exportation de bois d'allumettes se fait pour le Japon.

Le même voyageur a constaté que les effets de la révolution sociale provoquée par les bolcheviks sur les populations agricoles des provinces d'Extrême-Orient ont été presque nuls. Voici pour quelles raisons : le succès de la propagande maximaliste dans les campagnes russes s'explique par la faim chronique de la terre, qui domine dans la vie du paysan russe. En lui promettant le partage des terres seigneuriales, les bolcheviks ont exploité les côtés faibles du pays et ont pu l'attacher à leur politique, au moins pendant un certain temps. En Extrême-Orient, ils n'ont eu rien à promettre à la population rurale. Des terres, il y en a tant qu'on en veut. Il s'agit seulement de les mettre en culture. Il n'existe pas de domaines seigneuriaux. Les seuls effets de l'anarchie maximaliste se firent sentir sous la forme d'un relâchement de la discipline sociale. Des soldats démobilisés revinrent de Russie, farcis d'idées anarchistes, ils firent office d'agitateurs. L'effet fut insignifiant. Les idées maximalistes ont besoin de gens affamés et mécontents pour se propager. Un autre danger menaça un instant la vie agricole du pays. La plupart des populations russes d'Extrême-Orient viennent des régions méridionales de la Russie. La nouvelle du partage des terres en Ukraine arriva. Des agitateurs se mirent aussitôt à l'œuvre pour persuader aux paysans d'abandonner leurs fermes et de rentrer en Ukraine pour participer au partage. Un moment, on craignit une émigration en masse. Heureusement, des éléments plus raisonnables parmi les paysans prirent le dessus : on décida, avant de s'en aller en grand nombre, d'envoyer, dans l'ancienne patrie, des délégués pour étudier la situation sur place et revenir pour renseigner le reste de la population. Les délégués se mirent en route, ils arrivèrent avec de grandes difficultés dans le pays d'origine : ils se présentèrent dans leurs communes, en revendiquant leurs droits. L'accueil fut peu chaleureux. Les autres paysans, hors d'eux de voir des intrus, arrivant d'Extrême-Orient, disputer leurs acquisitions, les traitèrent de contre-révolutionnaires, les malmenèrent et les expédièrent avec peu de tendresse. Leur retour en triste condition calma les appétits. La population revint au calme habituel. En août 1918, les troupes alliées occupèrent le pays, tout rentra dans l'ordre.

Partout où le régime maximaliste bat en retraite, soit volontairement, parce qu'il se sent trop faible, soit parce qu'il est mis en fuite par les armes, la tranquillité renaît : les conditions mêmes de l'existence sont assurées par la sécurité de la vie et des biens. Cela montre le devoir des Alliés envers les Russes qui n'ont pas ménagé leur sang dans la défense de la cause commune contre les Allemands. Ce devoir des Alliés est d'ailleurs conforme à leurs intérêts moraux et matériels. Supprimer le bolchevisme, qui est un danger universel, l'éteindre dans son foyer russe, qui a été allumé par les Allemands, c'est rétablir dans son ampleur le centre de production et de consommation qu'est la Russie ; son affaiblissement troublerait l'équilibre économique.

Le Gouvernement qui a mis à sa tête l'amiral Koltchak et qui, dans des conditions extrêmement difficiles, lutte pour la libération de la patrie russe, a eu le mérite de reconnaître, dès sa constitution, les engagements antérieurs, politiques et financiers, de l'Etat russe. Ses conditions d'existence sont difficiles, parce qu'il lutte contre un ennemi qui dispose de ressources considérables en armes et munitions, parce que la population manque, en dehors des produits agricoles, des marchandises les plus nécessaires, parce que les signes monétaires, les moyens de paiement lui font défaut.

L'avènement du Gouvernement provisoire sibérien, devenu ultérieurement Gouvernement national russe, s'est accompli avec l'appui de toutes les classes de la population. Dès le premier jour, des mesures ont été prises pour annuler la nationalisation des banques, pour reconstituer les cadres du Ministère des Finances. Comme nous l'avons déjà dit, avec la sécurité rendue au pays, celui-ci reprend sa vie normale. Au 12 juillet 1918, dans les neuf villes de la Sibérie occidentale, les caisses de la Banque et des trésoreries de l'Etat contenaient 223 millions de roubles ; les dépôts dans les banques privées dépassaient, en septembre, 33 millions.

Le Gouvernement, qui a son siège à Omsk, a remis en vigueur, dans ses grandes lignes, le système financier et fiscal, en se préoccupant de renforcer les organes de perception. La population, assurée dans son existence et ses biens, a repris ses occupations : elle paie régulièrement les impôts qui frappent la terre, le commerce et l'industrie. Les impôts de consommation rentrent avec des plus-values. Malgré l'exiguïté de ses ressources liquides, le Gouvernement donne aux institutions locales, aux entreprises minières, notamment aurifères, aux usines, aux chemins de fer une assistance qui, en septembre, absorbait 45 millions de roubles. Il a fait des avances aux autres Gouvernements nationaux qui se sont créés dans les parties libérées des bolcheviks. Les recettes ne cessent de progresser, aussi bien celles des impôts directs que des contributions indirectes. Les douanes enregistrent des recettes en accroissement continu, de même l'alcool donne un rendement satisfaisant pour le fisc.

On a estimé que les revenus bruts annuels de l'agriculture et de l'industrie sibériennes atteignaient près de 5 milliards de roubles, dont 2,250 millions pour la production des céréales, 500 pour les charbonnages, 450 pour le bétail, 220 pour la minoterie, 210 pour le beurre.

L'industrie aurifère russe, qui a son siège principal dans la Sibérie occidentale, a donné pour la Sibérie entière 2,968 pouds (1 *poud* = 16 kilogr. 380) en 1911, 2,998 en 1912, 3,159 en 1913, 3,549 en 1914. 2,760 en 1915. La production de 1915 représente 153 millions de francs en or, au prix monétaire d'avant la guerre.

La Sibérie est un pays de grand avenir, ayant d'immenses ressources à développer, une population énergique ; elle a fourni d'admirables régiments dans la guerre contre l'Allemagne.

Au moment où nous terminons cette brochure, le commissaire aux Affaires étrangères lance sa réponse radiotélégraphique à l'étrange invitation de se rencontrer, devant les délégués des puissances pacificatrices, avec les représentants des Gouvernements nationaux russes. Il est prêt, dit-il, à acheter la paix et l'accord avec les puissances de l'Entente au prix de sérieux sacrifices : il est disposé à céder sur la question des emprunts, étant donnée l'importance que la presse et les représentants de l'Entente y attachent. En d'autres termes, le Gouvernement soviétiste russe répudiera l'annulation des engagements financiers et de la dette publique qu'il a prononcée en décembre 1917. En outre, il est disposé à accorder des concessions minières, forestières et autres aux ressortissants des puissances de l'Entente, suivant des modalités à déterminer soigneusement, de telle sorte que le régime économique et social de la Russie soviétiste n'ait point à souffrir du régime intérieur de ces concessions. Enfin, mettant le comble à la trahison envers la Russie, il accepte l'examen d'annexions éventuelles de territoires russes par les puissances de l'Entente.

Nous croyons avoir prouvé que les bolcheviks sont incapables de faire fonctionner la machine fiscale en Russie, qui seule peut assurer le service régulier de la dette publique. Et c'est de ces gens-là qu'on accepterait l'engagement de tenir des promesses données aux créanciers étrangers. Ils n'ont ni les moyens ni le désir de rien leur payer.

En matière de patriotisme national, en matière de foi envers les Alliés, le bolchevisme a commis d'abominables trahisons. En matière économique et financière, il n'a accompli aucun de ses engagements. Sur le terrain financier, il est condamné à la banqueroute complète.

Nous espérons sincèrement que la manœuvre par laquelle les bolcheviks essaient de pénétrer dans le concert européen, pour employer une phrase démodée, échouera devant la clairvoyance et la conscience universelles, qui ne sauraient admettre de pactiser avec des traîtres. C'est la manœuvre du traité de Brest-Litovsk et des accords du 27 avril 1918 qui recommence. Les bolcheviks sont prêts à y mettre le prix, pourvu qu'on ait l'air de les accepter. Cela suffit pour étayer leur puissance qui chancelle.

« Lénine, Trotsky, Radek, Sobelsohn et autres sanglants compères ont chassé la Constituante révolutionnaire au lendemain de sa réunion, égorgé la famille impériale et des dizaines de mille officiers et bourgeois, volé tout ce qui leur est tombé sous la main, affamé la population, transformé la faim en instrument de la guerre des classes, arrêté la vie commerciale et industrielle et dévasté un immense Empire » (1). Ils ont été les complices et les collaborateurs des Allemands. Ils ont sur eux la responsabilité de la prolongation de la guerre.

Ils sont insolvables moralement et financièrement.

Si effroyable que soit le mal fait à la Russie par les bolcheviks, je suis convaincu que les plaies fiscales et financières se panseront plus rapidement qu'on n'ose l'espérer, à condition de mettre un terme au terrorisme et au régime collectiviste.

La Russie est un pays essentiellement agricole. Il faut, avec la restauration de l'ordre le plus élémentaire, que la terre soit remise en culture. Quelques bonnes récoltes amélioreront la situation. Il faudra laisser la terre aux paysans qui brûlent du désir de la payer afin d'avoir un titre de propriété ; ils ont en main de grandes quantités de roubles, que l'on pourra retirer en échange de la consolidation de la propriété paysanne. L'État devra donner des titres de rente aux anciens propriétaires et leur assurer un minimum de terre.

----

(1) Auguste Gauvain : *Journal des Débats* du samedi 8 février 1919.

Parmi les problèmes qui doivent être étudiés, il faut placer avant tout autre la réorganisation des finances de l'Etat, la remise en fonctionnement de la machine fiscale, comportant des impôts indirects et des contributions directes. Ce n'est que lorsque l'Etat possédera un budget régulier qu'on pourra songer à l'assainissement de la monnaie. Le lien entre de solides finances publiques et l'amélioration du régime monétaire est des plus étroits.

Mais encore une fois, il faut purger la Russie du bolchevisme.

IMPRIMERIE CHAIX, RUE BERGÈRE, 20, PARIS. — 2006-2-19. — (Encre Lorilleux).